LE

GUÉRILLÉRO,

Opéra en Deux Actes,

Paroles de M. Théodore Anne,

MUSIQUE DE M. AMBROISE THOMAS,

DÉCORATIONS DE MM. SÉCHAN, DESPLECHIN ET DIÉTERLE;

Exécuté pour la première fois sur le Théâtre de l'Académie Royale de Musique,

Le 22 Juin 1842.

PARIS,

MADAME JONAS, LIBRAIRE DE L'OPÉRA.

—

1842

LE GUÉRILLÉRO.

Personnages.		Acteurs.

L'INCONNU. . . . . M. MASSOL.
FERNAND, guérilléro (chef de bande). . . . . . . M. BOUCHÉ
PÉDRO, lieutenant de la bande de Fernand. . . . . M. F. PRÉVOST.
FRANCISCO, jeune paysan. . . . . M. OCTAVE.
VICENZIO, majordome. . . . . M. MOLINIER.
PREMIER OFFICIER } de la bande de Fernand.   M. MARTIN.
DEUXIÈME OFFICIER }   M. KOENIG.
UNE SENTINELLE. . . . . M. HENS.
THÉRÉSA. . . . . Mᵐᵉ NATHAN-TREILHET.

GUÉRILLOS, SEIGNEURS, HOMMES ET FEMMES DU PEUPLE.

Division du Chant.

Iᵉʳ ACTE.

CHEFS DE GUÉRILLOS—1ᵉʳˢ *ténors :* MM. Laussel, Gousson, Clavé (aîné), Chazotte.---2ᵉˢ *ténors :* MM. Robert, Do.izel, Sarniguet, Marin. — 1ʳᵉˢ *basses :* MM. Hens, Delahaye, Duclos.—2ᵉˢ *basses :* MM. Goyon, Forgues, Georget.

GUÉRILLOS. — 1ᵉʳˢ *ténors :* MM. Picardat, Monneron, Dauger, Laforge, Laissement, Cresson, Debarge, Desdet.— 2ᵉˢ *ténors :* MM. Cognet, Ménard, Olen, Cajani, Couteau, Louvergne, Clavé (jeune). — 1ʳᵉˢ *basses :* MM. Bouvenne, Guion, Ducauroy, Tardif, Beaugrand, Ducellier.—2ᵉˢ *basses :* MM. Gaudefroy, Esmery (aîné), Dontreleau, Esmery (jeune), Menoud, Montamat, Leroy, Hersant, Nathan.

2ᵉ ACTE.

GUÉRILLOS, — 1ᵉʳˢ *ténors :* MM. Laussel, Gousson, Clavé (aîné), Chazotte, Dauger, Cresson. — 2ᵉˢ *ténors :* MM. Ménard, Robert, Louvergne, Donzel, Sarniguet, Marin.—1ʳᵉˢ *basses :* MM. Hens, Guion, Delahaye, Duclos.—2ᵉˢ *basses ,* MM. Goyon, Forgues, Georget.

PAYSANS. — 1ᵉʳˢ *ténors :* MM. Picardat, Monneron, Laforge, Laissement, Debarge, Desdet.—2ᵉˢ *ténors :* MM. Cognet: Olen, Cajani, Couteau, Clavé (jeune). — 1ʳᵉˢ *basses :* MM. Bouvenne, Ducauroy, Tardif, Beaugrand, Ducellier.— 2ᵉˢ *basses :* MM. Gaudefroy, Esmery (aîné), Dontreleau, Esmery (jeune), Menoud, Montamat, Leroy, Hersant, Nathan.

PAYSANNES ET FEMMES DU PEUPLE. — 1ᵉʳˢ *dessus :* Mᵐᵉˢ Sèvres, Blangy, Barbier, Proche, Ragaine, Courtois, Fontaine, Mariette, Hirschler, Pansard, Remy, Lamarre, Leroux, Thénard, Guillaumot, Garda. — 2ᵉˢ *dessus :* Mᵐᵉˢ Laurent, Groneau, Bouvenne, Ingrand, Baron, Villers, Bourney, Ruffaut, Gouffier, Vaillant, Moreau, Florentin, Jacques, Philippe, Daire.

Chorégraphie.

GUÉRILLOS : MM. Célarius, Ch. Petit, Carrez, Fromage.
SEIGNEURS : MM. Josset, Jourdoux, Feltis, Martin, Lenoir, Renauzy.

La scène se passe en Portugal, aux environs d'Oporto, en 1640, à l'époque de la guerre qui enleva le Portugal à l'Espagne, et qui donna la couronne au duc Juan de Bragance, qui devint Don Juan IV, dit *le Fortuné.*

LE GUÉRILLÉRO,

OPÉRA EN DEUX ACTES.

································· ·· ··········· ··········· · ··· ···

PREMIER ACTE.

Le théâtre représente, à gauche, l'entrée d'une forêt; à droite, des ruines se prolongeant jusqu'au fond, et se liant à une tour démantelée. Au fond, à gauche, une montagne par laquelle on descend au moyen d'un escalier grossièrement taillé dans le roc. Au pied de la tour est une tente; au second plan, à gauche, est une autre tente moins vaste. — Au lever du rideau, les soldats de Fernand, commandés par Pedro, arrivent lentement et avec un air découragé. — Le jour commence à faiblir.

········ ••••• ·······

SCÈNE I.

PEDRO, PREMIER ET DEUXIÈME OFFICIERS, GUÉRILLOS.

CHOEUR.

Portugais! contre nous Dieu même se déclare!
Nous voyons chaque jour nos rangs se décimer ;
Quand pour nous, de succès le ciel se montre avare,
A quoi bon contre lui sert-il de nous armer!
Notre bande, elle seule, est toujours misérable !...

PREMIER OFFICIER.

Tandis qu'un autre chef, Pablo l'impitoyable,

DEUXIÈME OFFICIER.

Et de gloire et d'argent gorge tous ses soldats.

TOUS.

C'est trop long-temps souffrir pour Don Juan de Bra-
(gance !

PEDRO, qui a écouté avec impatience.

C'est lui qui nous trahit !

TOUS.

Craint-il donc le trépas ?

PEDRO.

Cent fois on nous promit sa royale présence .

TOUS.

Nous combattons toujours et le roi ne vient pas!

PEDRO.

Sur lui, non sur Fernand, reportez vos murmures.

TOUS.

Vois nos traits fatigués, regarde nos blessures !
Long-temps nous avons su lutter
Contre la faim et la misère;
Il faut cesser de résister,
Puisque le sort nous est contraire.

PEDRO.

L'Espagnol compte aussi des désastres nombreux .

DEUXIÈME OFFICIER.

Pour un que nous frappons il s'en relève mille !

PREMIER OFFICIER, à PEDRO.

Tu défends notre chef; espérance inutile !
Il étoit plus actif avant d'être amoureux !

PEDRO.

Qu'osez-vous donc penser ?

DEUXIÈME OFFICIER.

Pour une jeune fille...

PREMIER OFFICIER.

Pour un visage frais...

DEUXIÈME OFFICIER.

Pour un œil noir qui brille ...

TOUS.

Il oublie et l'honneur et surtout son devoir.

PEDRO.

Imprudens, taisez-vous ! redoutez son pouvoir.

CHŒUR.

Eh bien ! laissons dormir l'offense;
Amis, attendons à demain.
Si Fernand tient à sa puissance,
Qu'il change alors notre destin.

(Ils sortent à l'exception de Pedro, des deux officiers et de
quelques soldats de la bande. Une partie des soldats
entre dans les ruines ; les autres entrent dans la tente
qui est à droite.)

SCÈNE II.

PEDRO, LES DEUX OFFICIERS et SOLDATS de la
bande, puis THÉRÉSA et FRANCISCO amenés
par d'autres soldats ; plus tard, FERNAND.

PEDRO, aux officiers.

Il est jeune, et d'amour si son âme est avide,
Songez dans les combats qu'il se montre intrépide.
A calmer leur courroux, mes amis, aidez-moi.

(apercevant Thérésa et Francisco qu'on amène.)

Thérésa ! Francisco ! Quels malheurs je prévoi !

LES OFFICIERS ET PEDRO.

Ravir une fille jolie,
Saisir un malheureux amant,
Est-ce là ce que la patrie
Demande aux soldats de Fernand ?

THÉRÉSA.

Pourquoi donc cette violence ?

FRANCISCO.

Lâches ! vous enchaînez mon bras !

THÉRÉSA.

Mais Dieu protége l'innocence !

FERNAND, entrant.

C'est elle !

THÉRÉSA, l'apercevant.

C'est Fernand ! Ah! tout s'explique, hélas !

FERNAND, à Thérésa (1).

Vainement ton dédain me brave,
Thérésa, pour toi plus d'espoir.
Trop long-temps je fus ton esclave,
Et je te tiens en mon pouvoir.

(1) Francisco, Thérésa, Fernand, Pedro.

FRANCISCO.

Je ne puis me venger !

FERNAND.

Ah ! je me lasse enfin !

THÉRÉSA, cherchant à calmer Francisco et lui montrant
Fernand.

En ce moment de lui dépend notre destin.

ROMANCE.

PREMIER COUPLET.

THÉRÉSA, à Fernand.

Pourquoi ces soldats en délire ?
Pourquoi cette aveugle fureur?
Ici laisse Dieu qui m'inspire
Par ma voix parler à ton cœur.
Ce Dieu qui voit notre misère
De toi peut nous sauver tous deux ;
Si tu nous frappes sur la terre,
Son bras nous ouvrira les cieux.

CHŒUR.

Quelle est charmante
En ses douleurs !
Sa voix touchante
Emeut nos cœurs!

DEUXIÈME COUPLET.

THÉRÉSA.

Soldat valeureux et fidèle,
Ton roi réclame ton secours.
Au sort glorieux qui t'appelle,
Fernand, livre tes heureux jours.
Crois-moi, laisse notre tendresse
Passer en son paisible cours ;
La gloire est la seule maîtresse
Qui soit digne de tes amours !

FERNAND.

Ta voix réveille encor ma flamme !
Je le veux... tu seras ma femme.

FRANCISCO.

Malheureux !

FERNAND, avec impatience.

Tais-toi, Francisco !

FRANCISCO, aux soldats.

Craignez un trépas redoutable !
(Montrant Thérésa.)
Car son frère est Pablo,
Pablo l'impitoyable!

THÉRÉSA, à Fernand.

Moi, t'épouser, jamais !

FERNAND.

Soldats ! séparez-les !

THÉRÉSA.

Au sein des alarmes,
Dieu, qui vois mes larmes,
Prête-moi les armes
Qu'on puise en ta foi.
Devant sa menace
Tout mon cœur se glace;
Mais si j'ai ta grâce,
Je suis sans effroi.

FERNAND.

C'est montrer trop de patience:
Je sens que mon juste courroux
Se lasse de cette insolence.
Malheur! oui, malheur sur eux tous!

CHŒUR.

Laissons, amis, dans le silence.   •
Se perdre un indigne courroux;
De son injuste violence,
Nous pourrons prévenir les coups.

FRANCISCO ET THÉRÉSA.

Grand Dieu! j'implore ta puissance,
Que sur lui tombe ton courroux,
Contre une injuste violence,
Ici, mon Dieu, protège-nous.

(On entraîne Francisco et Thérésa. La nuit est com-
plète.)

——————◦◦◦◦◦◦——————

SCÈNE III

FERNAND, PEDRO.

PEDRO.

Tes soldats mécontens en veulent à ta vie!
Cet amour imprudent excite leur fureur.

FERNAND.

Je saurai, s'il le faut, punir avec rigueur!...
Mais as-tu vu, Pedro, comme elle était jolie?
Je l'ai juré... demain elle doit être à moi.

PEDRO.

Prends-y garde, Fernand, renonce à ta folie.

FERNAND

J'ai dit ma volonté... Pedro, retire-toi!

PEDRO, à part.

Du moins, veillons sur lui!... conservons-lui ma foi.

(La nuit est venue, Pedro, au moment de sortir, se croise
avec une patrouille qui débouche; il en prend le com-
mandement, et s'éloigne après avoir fait placer une sentinelle qui veille sur le camp.)

——————◦◦◦◦——————

SCÈNE IV.

FERNAND, seul.

CAVATINE

Oui, mon amour vaincra cette beauté si fière;
Je veux la voir bientôt tomber à mes genoux.
Il ne sera pas dit que, de mon âme altière,
Elle aura par ses pleurs désarmé le courroux.
        (avec inquiétude.)
Pour conjurer parfois le sort qui m'abandonne,
J'ai dit à mes soldats, qu'aux mains de ses geôliers,
Don Juan échapperait et viendrait de Lisbonne
Partager leurs périls, leur gloire et leurs lauriers!
        Inutile espérance!
        Hélas! avec effroi,
        Je vois pâlir la chance,
        Sans voir venir le roi!
        Qu'à moi revienne la fortune,
        A moi reviendra leur ardeur!
        Chassons une idée importune,
        Songeons à l'amour, au bonheur!...
Oui, mon amour vaincra cette beauté si fière, etc.

        J'ai pu changer le sort
        Quand il m'était contraire;
        Quoi! j'ai dans mon transport
        Souvent bravé la mort,
        Et je serais, timide esclave!
        Dans mes désirs vaincu par ta rigueur!
        Qu'espères-tu? Fernand te brave,
        Et malgré tes refus, il sera ton vainqueur!

(Fernand va se jeter sur son lit de camp, placé sous la
tente à gauche, et s'endort. On entend la marche de la
patrouille qui se rapproche. Un inconnu paraît au haut
de la montagne, et se glisse dans le camp, en profitant
du moment où la sentinelle lui tourne le dos).

——————◦◦◦◦——————

SCÈNE V.

FERNAND endormi, UNE SENTINELLE, L'INCONNU,
puis PEDRO, la patrouille, et enfin tous les soldats.

LA SENTINELLE, se retournant et apercevant l'Inconnu.

    Qui vive?

L'INCONNU.

        Ami,
    (La patrouille et Pedro arrivent.)

PEDRO, à l'inconnu.

Pendant la nuit que cherchez-vous ici?

L'INCONNU.

C'est votre chef!

TOUS.

        Mensonge! ah! c'est un ennemi!

(Le bruit a réveillé tous les soldats; les uns sortent de la
tente de droite, les autres viennent des ruines.)

CHŒUR.

Vengeance! En ces lieux, misérable,
Que cherches-tu ? qui t'amena ?
Sais-tu qu'un trépas redoutable
Pour te punir est prêt déjà !
Il se tait : c'est un traître,
Un Espagnol, peut-être.
Réponds... mais réponds donc !
Dis-nous quel est ton nom.

(Pendant les premières paroles du chœur, Fernand a fait
un mouvement ; puis il se soulève, écoute , saisit ses
pistolets placés près de lui, assure son stylet, prend son
épée, et sort de sa tente.)

L'INCONNU.

Votre chef ?

FERNAND, paraissant.

Me voici. Parle!

L'INCONNU.

A toi seul.

(Il s'avance vers Fernand qui le regarde et s'arrête
surpris.)

Grands dieux !

LE CHŒUR.

Qu'a donc Fernand ?

FERNAND.

En croirai-je mes yeux ?
Oui, plus je le regarde, et plus sur ce visage...

L'INCONNU.

Je t'attends, mais je veux être seul avec toi.

FERNAND.

De la paix, en ces lieux, est-il l'heureux présage...

(frappé d'une idée subite.)

Ah ! c'est un coup du ciel !

(regardant ses soldats après un moment d'hésitation.)

N'importe !

(à l'inconnu.)

Suivez-moi !

(Fernand et l'inconnu entrent dans la tente de gauche.
Le jour commence à reparaitre.)

SCÈNE VI.

PEDRO, LES DEUX OFFICIERS, LE CHŒUR.

LE CHŒUR.

C'est sans doute l'agent d'une intrigue secrète.
Fernand nous fait marcher de défaite en défaite
Pour s'endormir bercé par un amour nouveau.

LES SOLDATS qui ont amené Thérésa.

Tantôt, c'était le tour de la sœur de Pablo,
Thérésa !

LES AUTRES SOLDATS.

Quoi ! Fernand !

LES PREMIERS SOLDATS.

Elle est sa prisonnière.

PEDRO, à part.

Ah ! je crains leur colère !

LE CHŒUR.

Contre de lâches ennemis
Notre valeur s'est ranimée ;
Quand pour la gloire elle est armée ,
De nous on ferait des bandits !
Fernand brave notre colère,
Qu'il en ressente donc l'effet.
Le chef que tous nous avons fait,
Amis, nous pouvons le défaire.

PREMIER OFFICIER.

Et ces amans captifs, Thérésa, Francisco !

TOUS.

Sauvons-les... évitons le courroux de Pablo !

PEDRO.

Mais Fernand ?

TOUS.

A son caprice
Qu'il renonce ou qu'il périsse !

CHŒUR.

Contre de lâches ennemis, etc.

PEDRO, à part.

Tout est perdu ! Quoi ! je ne puis
Combattre, hélas ! cette colère !
En vous seul, ô mon Dieu ! j'espère.
Sauvez Fernand et calmez ces esprits !

(aux soldats.)

Il peut encor par sa vaillance
Vous entraîner tous sur ses pas.
Suivez-le donc dans les combats,
Amis, vous verrez sa puissance.

ENSEMBLE.

SCÈNE VII.

LES MÊMES, FERNAND, puis L'INCONNU.

FERNAND.

Qu'entends-je ! quoi, soldats !

LE CHŒUR.

Ici tu n'es plus rien.

FERNAND.

Vos sermens !

LE CHŒUR.

Ils sont nuls ! As-tu tenu le tien ?
La mort ! la mort pour un chef infidèle !

(Ils s'élancent sur Fernand. Pedro le couvre de son
corps.)

FERNAND, à Pedro, en lui faisant signe de se retirer.

C'est prendre trop de soin ! je reconnais ton zèle !
Mais jamais ces mutins ne me feront pâlir.
Ah ! je vois qu'en secret il fait bon vous servir !
Quoi ! je vous préparais une nouvelle gloire,
Et vous voulez ma tête au jour de la victoire !

LE CHŒUR.

O ciel ! et que dit-il ?

FERNAND.

                    Vous étiez abattus,
Vous aviez abjuré vos antiques vertus,
Vous me disiez sans cesse : « En sa molle indolence,
A Lisbonne s'endort le duc Juan de Bragance;
Il nous laisse combattre et vaincre sans appui :
Mais où donc est le roi quand nous mourons pour lui?»
Et vous aviez raison ; quand la lutte est sanglante,
Le roi doit le premier venir planter sa tente.

(L'inconnu parait.)

C'est donc cet inconnu que vous voulez de moi ?
Eh bien ! je vous le livre !

(Les soldats vont pour saisir l'inconnu. Fernand les arrête du geste et leur dit d'un ton d'autorité)

A genoux !

(se découvrant et s'agenouillant le premier.)

                                    C'est le roi !

LE CHŒUR.

Eh quoi ! voilà le roi ! Le roi notre espérance !
Vive à jamais le roi ! le roi Juan de Bragance !

LE ROI.

J'ai bravé les dangers qui menaçaient mes jours
Pour venir en ces lieux vous conduire moi-même.
J'ai voulu, quand pour moi vous combattiez toujours,
Revendiquer ma part de ce péril extrème.
        Mais m'obéirez-vous ?

LE CHŒUR.

Oui, tous !

CANTABILE.

LE ROI.

Levez-vous , Portugais !... Sans peur et sans mur-
                                                    mures),
Au milieu des combats suivrez-vous votre roi ?

LE CHŒUR.

Oui, nous vous suivrons !

LE ROI.

Et vos bras triomphans vengeurs de nos injures
Vont de nos ennemis briser l'injuste loi !

LE CHŒUR.

Oui , nous le jurons !

LE ROI.

Je veux par vos exploits obtenir aujourd'hui
Un lit fait des drapeaux conquis sur l'ennemi.

LE CHŒUR.

Nous vous le donnerons !

LE ROI.

Les périls seront grands, grande sera la gloire !
Aux morts notre respect, aux vivans la victoire !

LE CHŒUR.

Avec vous nous l'aurons !

ALLEGRO.

De nos jours glorieux
Rappelez la vertu première ;
Sous leurs lois nos aïeux
Ont long-temps fait courber la terre.
Rabaissons la fierté :
D'un peuple qui nous brave ;
Au Portugal esclave
Rendons la liberté !
Moissonnons une foule immonde;
Sortons d'un long sommeil,
Et jusqu'au bout du monde
Portons notre réveil.

LE CHŒUR.

Moissonnons une foule immonde, etc.

(Ils sortent entraînés par le roi et en agitant leurs armes. Une partie des soldats gravit les rochers, commandés par Pedro, et s'élance en éclaireurs.

FIN DU PREMIER ACTE.

DEUXIÈME ACTE.

Le théâtre représente une grande salle de château, style mauresque, ouvrant sur des jardins.

SCÈNE I.

VICENZIO, FRANCISCO, THÉRÉSA.

VICENZIO.

Vous pouvez en ces lieux vous reposer sans crainte,
Un vieil ami vous offre et son cœur et sa foi.

FRANCISCO.

Nous voilà donc sauvés et hors de toute atteinte !

VICENZIO, à Théréza.

Mais Pablo, votre frère...

THÉRÉSA.

Au service du roi
Il a depuis cinq ans voué son existence,
Et je n'ai plus revu l'ami de mon enfance.

FRANCISCO.

Nos malheurs sont finis !.. Le ciel, dans sa clémence,
Quand nous doutions de lui ne nous oubliait pas.
Fernand nous menaçait, et malgré sa puissance,
Nous fûmes en secret sauvés par ses soldats.

VICENZIO.

Allons ! bonne espérance !

THÉRÉSA.

Oh ! ne nous flattons pas !

(Vicenzio sort.)

SCÈNE II.

THÉRÉSA, FRANCISCO.

DUO.

FRANCISCO.

Pourquoi tenir tes yeux
Abaissés vers la terre ?
Ma Thérésa, sois fière,
Rien n'a changé mes vœux.

THÉRÉSA.

Sur moi pèse la honte !

FRANCISCO.

Quelle funeste erreur !
Ah ! que ma voix surmonte
Cette injuste douleur.

THÉRÉSA.

Que ne suis-je vengée !

FRANCISCO.

Mais s'il faut un soutien
A ton âme affligée,
Quel amour vaut le mien ?

FRANCISCO.

Que mon ardente flamme,
En calmant ta douleur,
Ramène dans ton ame
La paix et le bonheur.

THÉRÉSA.

Non, ton ardente flamme,
Hélas ! en ma douleur
Ne rend point à mon âme
La paix et le bonheur.

THÉRÉSA.

Ami, pourquoi sans cesse,
Dans ta folle ivresse,
Parler hélas ! de notre ardeur ;
Faut-il encore entendre
Cette voix si tendre,
Quand le malheur
Flétrit mon cœur.
Vois ma misère,
Prends pitié de ma douleur ;
Ah ! sur la terre
Plus de bonheur.
A la vengeance
Laisse-moi rêver toujours :
Plus d'espérance
Et plus d'amours !

FRANCISCO.

Thérésa !

THÉRÉZA.

Laisse-moi.

FRANCISCO.

Sans toi je ne puis vivre.

THÉRÉSA.

Quel fol amour t'enivre,
Lorsque tu dois me fuir.

FRANCISCO.

Non, je reste pour te chérir.

FRANCISCO.

Que mon ardente flamme, etc.

THÉRÉSA.

Non, ton ardente flamme, etc.

ENSEMBLE.

SCÈNE III.

LES MÊMES, VICENZIO, rentrant.

VICENZIO.

Le ciel veut-il sur vous prolonger sa vengeance ?
Fernand...

FRANCISCO ET THÉRÉSA.

Eh bien ! Fernand ?

VICENZIO.

Vers ces lieux il s'avance !

FRANCISCO.

O ciel !

THÉRÉSA.

Plutôt mourir que rentrer sous sa loi !

VICENZIO.

Mais il ne vient pas seul, avec lui vient le roi.
Entendez-vous l'airain qui dans les airs s'élance,
Ces vœux qu'un peuple adresse à don Juan de Bra-
(gance ?

THÉRÉSA.

Je reprends mon courage et don Juan m'entendra.

VICENZIO.

De lui ne doutez pas, il vous protégera.

(Francisco et Thérésa sortent.)

SCÈNE IV.

DON JUAN, FERNAND, VICENZIO, SEIGNEURS,
SOLDATS, HOMMES ET FEMMES.

CHŒUR.

Pour nous, plus de souffrance,
De crainte ni d'effroi :
Vive Juan de Bragance !
Vive à jamais le roi !

LE ROI.

J'ai déjà ce matin, par la main de mes braves,
Châtié l'Espagnol, confondu ses desseins :
Les drapeaux portugais ne flottent plus esclaves,
Et Dieu nous a rendu nos glorieux destins.

COUPLETS.

PREMIER COUPLET.

Mon glaive a frappé nos tyrans :
La peur les a rendus tremblans.
Au sein de nos montagnes
Dieu seul, quand il tonne sur nous,
Doit voir un peuple à genoux.
Ne tremblez plus, époux ! j'ai sauvé vos compagnes ;
Mères, ne pleurez plus, j'ai sauvé vos enfans !
Soyez joyeux et confians.
Chantez ce jour vainqueur,
La gloire a sauvé mon honneur.

LE CHŒUR.

Plus d'alarmes,
Le roi, notre sauveur,
Fait aux larmes
Succéder le bonheur.

LE ROI.

DEUXIÈME COUPLET.

A vous, à marquer de terreur
Le front d'un cruel vainqueur ;
De ces belles campagnes
Un jour a changé le destin.
L'esclave a brisé son frein :
Réveillez les échos de nos vertes montagnes,
Renaissez au soleil de ce sol affranchi ;
Non ! plus de terreur aujourd'hui,
Chantez ce jour vainqueur,
La gloire a sauvé mon honneur.

SCÈNE V.

LES MÊMES, THÉRÉSA, FRANCISCO.

THÉRÉSA, tombant aux pieds du roi.

Sire ! justice !

LE CHŒUR.

O ciel ! que veut-elle du Roi ?

FERNAND, à part, avec surprise.

Thérésa !

(Il se remet et fait un geste d'insouciance.)

LE ROI, relevant Thérésa.

Levez-vous !... parlez ! je vous écoute.

THÉRÉSA, regardant le roi.

Cette voix et ces traits ?

FRANCISCO, à Thérésa.

D'où vient donc ton effroi ?

VICENZIO, au roi.

La crainte... le respect...

THÉRÉSA, devant le roi qui reste froid et attend.

Je me trompe sans doute :
Qui donc est devant moi ?
Un vain songe m'agite,
Ces honneurs, cette suite,
Tout me dit : c'est le roi !

LE CHŒUR, PÉDRO, VICENZIO et FRANCISCO.

Quel trouble tient encore
Son esprit agité,
Quand le roi qu'elle implore
L'accueille avec bonté.

LE ROI.

Par la voix qui m'implore,
Quand je me sens troubler,
Comment peut-elle encore
Hésiter à parler.

FERNAND.

Elle me hait encore,
Et mon cœur agité
A son aspect n'abhorre
Qu'un rival détesté.

ENSEMBLE.

LE ROI, à Thérésa.

Je dois justice à tous, et vous l'aurez de moi ;
Parlez sans crainte et calmez votre effroi.

THÉRÉSA.

Hier, dans notre ivresse,
Nous allions tous les deux,
D'une sainte promesse,
Prendre à témoin les cieux,
Quand de force, traînés aux pieds d'un misérable,
Saisis par ses soldats..., ce lâche, ce coupable,
Menaçait à la fois ma vie et mon honneur.
Le peuple doit en vous trouver un protecteur !
Mon père, aux Espagnols, fit une rude guerre,
Il est mort... Mais pour vous se bat aussi mon frère.
Sire ! le déshonneur est un pesant fardeau ;
Vengez donc et la fille et la sœur des Pablo !

LE ROI.

Quel est cet homme ?

THÉRÉSA.

Il est près de vous !

(Montrant Fernand).

Le voici !

LE CHŒUR.

C'est Fernand !

THÉRÉSA.

Oui, c'est lui !

LE ROI, à Fernand, après un moment de silence.

Vous ne répondez pas ; j'attends votre défense.

FERNAND, d'un air insouciant.

Elle a dit vrai.

LE CHŒUR.

Quelle insolence !

FERNAND.

Puisque vous êtes roi, prononcez la sentence.

LE ROI, se tournant vers sa suite.

Qu'on avertisse un prêtre ?

FERNAND, vivement.

Un prêtre ! et pourquoi donc ?

LE CHŒUR.

Au roi, voyez comme il répond.

LE ROI, à Fernand.

Vous avez des dangers affronté les destins,
Et de votre valeur ma voix vous glorifie ;
Mais cette jeune fille un instant en vos mains,
Par cet indigne affront n'en fut pas moins flétrie !
Vous serez son époux !

FRANCISCO.

O ciel !

FERNAND, à part.

Le châtiment est doux.
Il pense se montrer sévère
Quand il comble mes vœux.

THÉRÉSA.

Mais, sire...

LE ROI.

Au nom de votre père,
Par l'intérêt qu'ici je dois à votre frère,
Je l'ai dit.

(à Francisco, qui s'avance en suppliant.)

Je le veux !

THÉRÉSA et FRANCISCO.

O Ciel, en toi j'espère :
Daigne écouter nos vœux,
D'une injuste colère
Sauve-nous tous les deux.

LE ROI.

C'est en vain qu'il espère
Désarmer ma rigueur ;
Qu'il craigne ma colère
Et ma juste fureur.

FERNAND.

Impuissante colère
Que je brave en mon cœur :
C'est en vain qu'elle espère,
Je ris de sa douleur.

VICENZIO ET LE CHŒUR.

Il outragea Dieu même,
Et la céleste loi,
En cet instant suprême,
Le livre aux mains du roi.

ENSEMBLE.

FRANCISCO.

Vous n'ordonnerez pas cette injuste alliance.

LE ROI.

Malheur à qui voudrait enfreindre ma sentence.
(à Fernand, d'un ton d'autorité).

Fernand ?

FERNAND.

Ne suis-je pas l'humble sujet du roi.

LE ROI.

Vous, Francisco, restez.
(à Fernand.)

Vous, Fernand, suivez-moi !

THÉRÉSA et FRANCISCO.

O Ciel ! en toi j'espère, etc.

LE ROI.

C'est en vain qu'il espère, etc.

FERNAND.

Impuissante colère, etc.

VICENZIO et LE CHŒUR.

Il outragea Dieu même, etc.

REPRISE DE L'ENSEMBLE.

(Le roi donne la main à Thérésa et sort avec elle, suivi de
Fernand, des seigneurs et d'une partie des chœurs. Le
reste se retire au fond.)

SCÈNE VI.

VICENZIO, FRANCISCO.

FRANCISCO.

Non, ce n'est pas possible, et je suis en délire.

VICENZIO.

Don Juan à Thérésa devait rendre l'honneur ;
L'honneur, de tous les biens est pour nous le meil-
(leur.

FRANCISCO.

Mais c'est moi qu'il punit... Ah ! je dois le maudire,
Et je cours à l'autel...

VICENZIO, l'arrêtant.

Insensé ! calme toi !
Ici quand le roi parle, on obéit au roi.

FRANCISCO.

Mon cœur se glace hélas ! de terreur et d'effroi.

CAVATINE.

Vaine espérance !
Mon cœur d'avance,
Dans la constance
Mit le bonheur.
C'était un songe
De mes beaux jours :
Son doux mensonge
A fui pour toujours.
Dans ma misère,
Le sort contraire
M'a sur la terre
Mis pour souffrir.

(On entend la cloche de la chapelle.)

Thérésa ! je te perds et n'ai plus qu'à mourir !

Son amour, c'est ma vie,
C'est tout mon avenir !
Alors qu'elle m'oublie,
Que vais-je devenir ?
Je romps l'obéissance
Qui me liait au roi ;
Je brave sa puissance,
Malheur, malheur sur moi.

VICENZIO, lui montrant les chœurs qui reviennent et le
roi qui rentre avec Thérésa.

Regarde, il est trop tard !

⬥⬥⬥

SCÈNE VII.

TOUS LES PERSONNAGES, excepté FERNAND.

LE ROI, à Francisco.

Approchez !

FRANCISCO.

Plus d'effroi.

(au roi.)

Vous avez fait un acte indigne d'un bon roi.

(montrant Thérésa.)

Car son père en mourant me l'a donnée à moi.

LE ROI.

Mais il te la donnait pure de toute offense ;
La justice d'abord... ensuite la vengeance.

(Il fait un signe ; ce signe est répété au dehors
par un seigneur.)

Une femme outragée est indigne de toi...

(On entend une explosion de coups de fusil.)

La veuve d'un soldat peut te donner sa foi.

(prenant Thérésa par la main.)

Reçois-la de son frère, et non des mains du roi !

FRANCISCO.

Juste Dieu ?

THÉRÉSA.

C'est mon frère ! ô ciel, est-ce bien toi !

PABLO.

Oui, ma sœur, oui, c'est moi !

LE CHŒUR.

Quoi ! ce n'est pas le roi !

PABLO, aux soldats.

Du hasard de ma ressemblance
Avec le roi Juan de Bragance,
Pour abuser votre vaillance,
Fernand, seul, voulut profiter.
Et moi, Pablo l'impitoyable,
Pour me venger d'un misérable,
J'acceptai ce pacte coupable
Que son sang vient de racheter.

LE CHŒUR.

Outragé par un misérable,
Il devait protéger sa sœur ;
Son bras n'a frappé qu'un coupable,
Le sang a lavé son honneur.

PABLO, à tous les personnages.

Amis, je n'ai plus de couronne,
Mais je suis un chef sans effroi ;
Suivez-moi ; marchons sur Lisbonne,
Allons conquérir notre roi !
Ou dans cette guerre chanceuse,
Si notre espoir était déçu,
Lorsque la mort est glorieuse
On a toujours assez vécu !

(Le chœur reprend les derniers vers. Pablo, après avoir
embrassé sa sœur, sort à la tête des seigneurs et des
soldats ; arrivé à la porte du foud, il se retourne pour
adresser un nouveau geste d'amitié à Thérésa et à Francisco. Tableau.)

FIN.

A. GUYOT, IMPRIMEUR,
rue Nᵉ-des-Petits-Champs, 37.

Imprimé en France
FROC021426060720
24425FR00006B/94